I0111525

ALBUM

DES

THÉÂTRES

OPÉRA

VICHY — IMPRIMERIE C. BOUGAREL

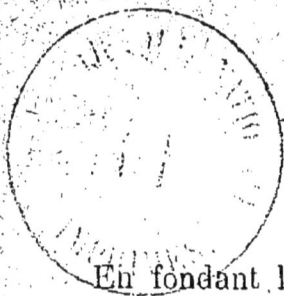

AVANT-PROPOS

En fondant l'ALBUM DES THÉATRES, à la veille de l'Exposition Universelle de 1878, nous avons eu un double but :

Donner aux Etrangers et au Public Parisien les renseignements les plus complets sur les Théâtres:

Faire mieux connaître, au moyen des Portraits et des Biographies, les célébrités artistiques qui maintiennent la scène française au premier rang des scènes du monde.

Pour faire ressortir l'utilité incontestable de notre publication, pour indiquer les avantages qu'elle vient offrir au monde théâtral ; en un mot, pour lui assurer un brillant avenir, il nous suffira de mentionner que l'ALBUM DES THÉATRES sera distribué tous les jours *à titre gracieux* aux habitués des principaux Théâtres de Paris, et qu'il renfermera :

1° Plan de la salle ;
2° Prix des Places.
3° Durée des entr'actes.
4° Tarif des Glaciers.
5° Emplacement des Voitures.
6° Programmes.

7º. Historique de la pièce.

8º Portraits des compositeurs et auteurs.

9º Leurs biographies.

10º Portraits des principaux interprètes.

11º Leurs Biographies.

12º Les noms des premières maisons de Paris qui sont les fournisseurs adoptés par le monde élégant.

Il est incontestable que le public habituel des théatres se procure difficilement les documents que nous venons d'indiquer car les feuilles hebdomadaires et quotidiennes n'en publient qu'une faible partie, et en outre elles passent de main en main et s'égarent la plupart du temps.

Par sa forme élégante et commode, avec les Portraits dont il sera orné, l'intérêt qui s'y rattache et les indications de toutes sortes données au lecteur, l'ALBUM DES THÉATRES sera constammant consulté, précieusement conservé et obtiendra ainsi un succès certain et durable.

En inaugurant un mode de publication qui offre de si si grands avantages, nous avons l'assurance que L'ALBUM DES THÉATRES sera favorablement accueilli par le public et qu'il rendra aux théâtres des services réels et d'une haute importance.

L'Éditeur :

E. L.

DEUXIÈMES LOGES

PREMIÈRES LOGES

AMPHITHÉÂTRE

FAUTEUILS · D'ORCHESTRE · ET · PARTERRE ·

PRIX DES PLACES

—··&··—

(2,156 Places)

	au bureau	en location		au bureau	en location
Stalles de parterre...	7 »	9 »	Troisièmes avant-scèn.	6 »	·8 »
» d'orchestre...	13 »	15 »	» entrecolon.	8 »	10 »
» d'amphithéâtre...............	15 »	17 »	» loges de face	8 »	10 »
Baignoire avant-scène	13 »	15 »	» » de côté	6 »	8 »
Baignoires..........	12 »	14 »	Quatrièmes avant-scèn.	2 50	3 »
Premières avant-scène	15 »	17 »	» loges de face	4 »	6 »
» entre colon.	15 »	17 »	» » de côté	2 50	3 »
» loges de face	15 »	17 »	» amphithéâtre de face	2 50	3 »
» » de côté	13 »	15 »	» amphithéâtre de côté	2 50	3 »
Deuxièmes avant-scène	12 »	14 »	Cinquièmes loges	2 50	3 »
Deuxièmes entre colon.	12 »	14 »			
» loges de face	12 »	14 »			
» » de côté	10 »	12 »			

Le Bureau de Location, rue Auber, au coin de la place de l'Opéra, est ouvert de dix heures à quatre heures.

Les Dames ne sont admises ni à l'Orchestre ni au Parterre.

REPRÉSENTATIONS

les Lundi, Mercredi, Vendredi — et le Dimanche en hiver.

Entrée des abonnés, rue Halévy.

Les Dimanche et Samedi, les Abonnements sont suspendus.

DURÉE DES ENTR'ACTES

1er acte commence à 8 h. finit à 8 h. 40 m.

Entr'acte 7 minutes

2me acte commence à 8 h. 47, finit à 7 h. 17 m.

Entr'acte 13 minutes

3me acte commence à 9 h. 30, finit à 10 h.

Entr'acte 13 minutes

4me acte commence à 10 h. 13, finit à 11 h. 13 m.

Entr'acte 7 minutes

5me acte commence à 11 h. 20, finit à 11 h. 50 m.

STATIONNEMENT DES VOITURES

Le stationnement des voitures, rue Glück, n'est autorisé qu'aux personnes munies de cartes délivrées par la Préfecture de la Seine.

Les voitures des abonnés doivent stationner boulevard Haussmann.

Une station de voitures de place est organisée les jours de représentation, rue Auber et rue Scribe.

M^{on} ROGER

M^{on} ROGER

BREVETÉE DES COURS ÉTRANGÈRES

→→•⊂⊐•←

ROBES & CONFECTIONS

MANTEAUX DE COUR

CORBEILLES DE MARIAGE

4, RUE MOGADOR, 4

DERRIÈRE LE NOUVEL OPÉRA

FOURNISSEUR BREVETÉ

DE

S. M. L'IMPÉRATRICE DE RUSSIE

S. A. I. LA GRANDE DUCHESSE HÉLÈNE DE RUSSIE

S. M. LA REINE D'ANGLETERRE

S. A. R. LA PRINCESSE DE GALLES

S. M. L'IMPÉRATRICE D'AUTRICHE

S, A. R. LA GRANDE-DUCHESSE DE SAXE-WEIMAR-EISENACH

S. A. I. LA PRINCESSE MARIE-CLOTILDE

GLACIER

PRIX DES CONSOMMATIONS

GLACES, SIROPS

Glaces à tous parfums...	1 50
Granits Orange , Citron, Thé, Café..........	1 50
Sorbets, Rhum, Kirsch..	1 50
Soyers, Sherry-Gobler...	1 50
Sekao (boisson glacée), Thé, Rhum..........	1 50
Crème de soda glacée...	1 »
Sirops à tous parfums,..	1 »
Limonade, Orangeade...	1 »
Id. Id. glacéee	1 25
Carafe frappée.........	1 »

CONFISERIES-PATISSERIES

Carton napolitains, délicieux bonbon glacé, de parfums variés.....	5 »
Carton ananas préparé à froid, frappés ou glacés	5 »
Carton fruits, frappés ou glacés..............	5 »
Carton Oranges glacées..	5 »
Carton (demi) Napolitains, Ananas, fruits, Oranges.............	3 »
Napolitains , Caramels, intérieur fruits	2 »
Brioche.........	» 50

CAFÉ, CHOCOLAT, LIQUEURS

Café, Mazagran, Grog...	1 »
Thé, Crème............	1 50
Chocolat, Bavaroise.....	1 »
Fine-Champagne , Liqueurs	1 »
Punch, Rhum, Kirsch, Vin chaud...........	1 »
Kumel, Oldgin, Whyski, Punch Suédois........	1 »
Eau de Seltz, Soda Water...................	1 »
Pale-Ale	3 »
Pale Ale (demi)........	1 50

VINS

Malaga, Madère...... ..	1 »
Porto, Xérès, Scherry...	1 »
Muscat, Frontignan.....	1 »
Médoc................	6 »
Médoc................	3 »
Champagne Théophile Rœderer,............	12 »
Champagne (demi).......	6 »
Champagne (quart)......	3 »
Champagne (verre)......	1 »

MANUFACTURE

DE

PAPIERS PEINTS

En tous Genres

~~~~~~~~~~~~~~~~~~~~~~~~~~~~~~~~~~~~~

J^{LES} TURQUETIL & C

208, Boulevard Voltaire, 208

PARIS

HUIT MÉDAILLES AUX EXPOSITIONS INDUSTRIELLES & UNIVERSELLE

BEAUX-ARTS APPLIQUÉS A L'INDUSTRIE

SAINT-DIZIER, 1860

PARIS, 1855 — EXPOSITION UNIVERSELLE 1867 — NANTES, 1861

TROYES, 1860

EXPOSITION FRANCO-ESPAGNOLE, BAYONNE

USINE A VAPEUR

PROGRAMME

OUVERTURE : 7 1/2

LES HUGUENOTS

Opéra 5 actes. Paroles de Scribe et Deschamps.
Musique de Meyerbeer.

Valentine	Mmes Krauss	
Marguerite	M.-Carvalho	
Urbain	Arnaud	
Dames	Caldéron	
Raoul	Granier	
Nevers	MM. Villaret	
Saint-Bris	Manoury	
Marcel	Gailhard	
Thoré	Menu	
Tavannes	Gaspard	
Léonard	Grisy	
Cossé	Mermand	
Maurevert	Auguez	
Méru	Fréret	
Couvrefeu	Sapin	
	Lonati	
Seigneurs	Jolivet	
	Montvaillant	

2me Acte

LES BAIGNEUSES

DANSES :

3me Acte

LES BOHÉMIENS

PAPETERIE DE LUXE

MAQUET

Maison fondée en 1841

FOURNISSEUR BREVETÉ DE PLUSIEURS COURS ÉTRANGÈRI

PAPIERS A LETTRE

CHIFFRES, ARMOIRIES

GRANDE FABRIQUE D'ENVELOPPES

GRAVURE

IMPRESSIONS

MAROQUINERIE

EN TOUS GENRES

BUVARDS, ALBUMS

PORTE-MONNAIE, PORTE-CIGARE

ENCRIERS

TOURISTES, ETC., ETC.

10, RUE DE LA PAIX, 10

PARIS

AVIS. — *La Maison n'a ni Dépôt ni Succursale.*

LES HUGUENOTS

Opéra en cinq actes, paroles d'EugÈne ScriBe et d'Émile Deschamps, musique de Giacomo Meyerbeer.

C'est le 21 février 1836 que le « tout-Paris » de l'époque fut appelé à entendre pour la première fois à l'Académie royale de Musique les *Huguenots* de Meyerbeer. Ce chef-d'œuvre, conçu dans un ordre d'idées appartenant particulièrement à l'école du romantisme de 1830, ne devait survivre à ce genre tout à la fois artistique et littéraire que parce qu'il en avait indiqué et reproduit les plus beaux caractères. C'est, du reste, à ce titre que les *Huguenots* doivent prendre place dans l'histoire musicale à côté de *Guillaume Tell*, de la *Juive* et de la *Muette de Portici*.

Les épisodes descriptifs répandus à profusion dans le beau poëme des *Huguenots* ont été interprétés par Meyerbeer d'une façon magistrale. Il est parvenu à lui donner un cachet supérieur qui, sans sortir de la réalité, est à la fois attachant et élevé. Il les a animés d'un souffle puissant de vie et de passion. Son génie s'est révélé plus grandement encore, car il a observé dans cette longue suite de tableaux historiques une gradation qui grandit l'intérêt à mesure que l'on s'achemine vers le dénouement du drame. Sous ce rapport, il a su rendre sa pensée dans des proportions beaucoup plus étendues que les librettistes eux-mêmes.

Les folles orgies, les mœurs légères de la cour des successeurs du galant François Ier,

interprétées avec folie et entrain dans l'intro-
duction : « Bonheur de la table, » sont savam-
ment exprimées dans la gracieuse romance,
accompagnée par le violon d'amour : « Plus
blanche que la blanche hermine. »

L'intermède, habilement placé entre cette
première scène d'orgie et celle de plaisir et de
volupté qui lui succède, forme un contraste
frappant avec chacune d'elles et fait ressortir
davantage encore l'ordre d'idées dans lequel le
drame est conçu. Meyerbeer a interprété cette
période du poëme par les mâles accents qui
signalent l'entrée de Marcel. Dans le choral de
Luther et dans « la Chanson huguenote, » ces
accents prennent un caractère plus sévère et
plus dur encore.

Mais voici venir le grand air : « O beau pays
de la Touraine. » La cavatine du page : « No-
bles seigneurs, » etc., dont les paroles sont dues
à Emile Deschamps, sert de transition à cette
nouvelle scène d'amour et de la folie qui se
continue par le chœur délicieux des « Bai-
gneurs, » la scène ravissante du « Bandeau, »
et enfin par le duo : « Beauté divine, enchan-
teresse. »

C'est en ce moment que le drame proprement
dit succède au prologue.

Ici les sympathies du musicien et l'esprit gé-
néral de la pièce se font jour. Dans le paral-
lèle des étudiants huguenots et des catholi-
ques, ou sent que le « Rataplan » a une allure
vive, cordiale et franche, tandis que les litanies
sont conçues dans un style traînard et lar-
moyant. La ronde fantastique et originale des
« Bohémiens » et la chanson du « Couvre-feu, »

TEINTURES PERFECTIONNÉES

DES

Soieries, Velours, Crêpe de Chine, Étoffes d'Ameubleme

TISSELIN

126, rue Montmartre, en face les Messagerie

TEINTURE EN RÉSERVE ET RÉPARATIONS

DES CHALES CACHEMIRES

FLEURS ET PLUMES POUR PARURES

FABRIQUE & MAISON DE GROS

AL. & AUG. DELACROIX

131, rue Montmartre, 131

PARIS

PLUMES D'AUTRUCHE — FANTAISIES, NOUVEAUT

PARURES DE MARIÉES, GARNITURES DE ROBES

COIFFURES POUR BAL

annonçant que des scènes étranges et lugubres vont se dérouler.

Plus loin, une diversion heureuse se produit. La passion de l'amour véritable se fait sentir pour la première fois dans le grand duo de Marcel et de Valentine : « Dans la nuit où seul je veille. » Le fanatisme des deux sectes ressort avec une clarté plus merveilleuse que jamais dans le septuor du « Duel. »

Enfin, l'œuvre dramatique arrive à son apogée dans la fameuse scène de la « Conjuration » de la « Bénédiction des poignards, » due également à la plume d'Emile Deschamps.

Ce chœur produit l'un des plus beaux effets qui se soient vus au théâtre. Dans le magnifique duo du 4e acte auquel Meyerbeer a su donner une expression si puissante, on sent que le compositeur a mis toute son âme : « Où je vais... secourir mes frères. » Le sentiment de l'homme résistant aux passions de l'amour y est rendu avec une vérité éclatante, avec un puissant réalisme.

A la fin du grand trio : « Savez-vous qu'en joignant vos ennemis, » la catastrophe finale est consommée. C'est ici surtout qu'on admire par quel *crescendo* habilement combiné, Meyerbeer a voulu captiver d'une manière continue l'attention des *dilettanti*.

Son œuvre a un caractère durable qui en fait un des plus beaux monuments de l'art musical.

A l'époque de leur apparition, les *Huguenots* furent chantés par Mme Falcon et MM. Nourrit, Duprez et Levasseur.

Il faut à Meyerbeer d'aussi dignes interprètes pour nous faire connaître son chef-d'œuvre et en faire ressortir toutes les beautés.

LÉON BLARINGHEM.

COLLINOT

MAISON PERSANE

13, Rue Royale-Saint-Honoré, 13
PARIS

EXPOSITION UNIVERSELLE, PARIS 1867

LA SEULE GRANDE MÉDAILLE D'OR DÉCERNÉE POUR

FAIENCE D'ART

Et la croix de Commandeur de l'Ordre Impérial de Perse, pour avoi
relevé l'Art Céramique Persan

EXPOSITION UNIVERSELLE DE VIENNE, 1873

Croix de François-Joseph, grand Prix d'Honneur seul et unique pour la Céram

MÉDAILLE DE PROGRÈS

CÉRAMIQUE D'ART — VASES DE SATZOUMA

Brevet d'invention pour les Émaux cloisonnés sur Biscuit de Faïence et au

FAÏENCE D'ART

ARCHITECTURE, PANNEAUX DE FAÏENCE POUR SERRES, SALLES DE BAINS, FUMOIRS, SALLES :
BILLARD & SALLES A MANGER, DANS LE STYLE PERSAN, JAPONAIS & AUTRES

Vases dans tous les styles les plus purs, Orientaux, etc., etc.

Auteur du Recueil de Dessins pour l'Art et l'Industrie, revue périodi
en collaboration avec M. le vicomte Adalbert de Beaumont.

BIOGRAPHIE

MEYERBEER

Parmi les artistes étrangers que la France a accueillis comme ses enfants, il faut citer au premier rang Giacomo Meyerbeer. Aussi est-on heureux de constater que Meyerbeer resta jusqu'à sa dernière heure ami de la France. On pourrait dire plus, il fut Français par le cœur et par le talent.

Il reconnaissait la suprématie de notre pays sur les autres puissances et mettait son amour-propre à lui faire hommage de ses œuvres.

Meyerbeer naquit à Berlin, le 23 septembre 1791. Descendant d'une riche famille israélite, il était le fils du banquier Jacques Beer. Lui-même s'appelait de son véritable nom Jacques-Liebmann Beer.

Un ami de son père nommé Meyer lui légua sa fortune à la seule condition qu'il ajouterait son nom au sien, ce que Liebmann fit en prenant pour nom Meyerbeer. Plus tard, lorsqu'il fut arrivé à Venise, il italianisa son second prénom et s'appela définitivement Giacomo Meyerbeer.

Dès sa plus tendre enfance, Meyerbeer manifesta de vives dispositions pour la musique.

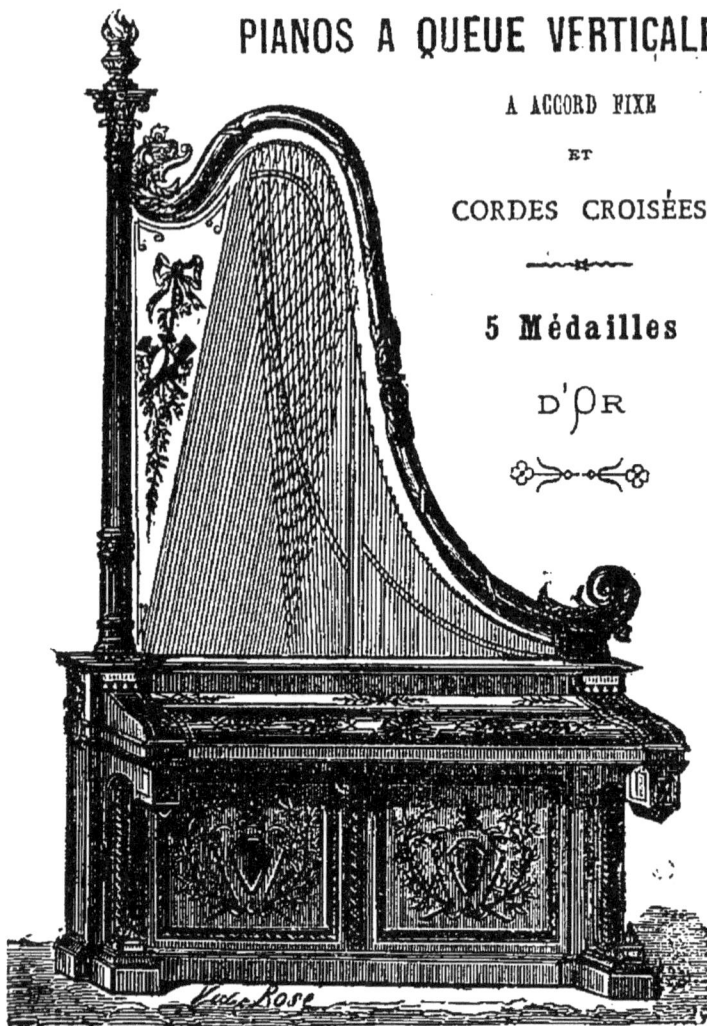

Son premier professeur fut le célèbre pianiste et compositeur Larska.

A neuf ans, Meyerbeer s'étant fait entendre dans un concert de Berlin, le fameux Clementi devina en lui un musicien et s'empressa de lui donner des leçons.

Plus tard, Meyerber alla à Darmstadt pour y étudier l'harmonie. Il y fit la connaissance de Weber, l'auteur du *Freyschütz* et d'*Obéron*.

Le 27 janvier 1813, Meyerbeer fit représenter son premier opéra, la *Fille de Jephté*. Quelque temps après, il donna un mélodrame de chœurs, les *Amours de Théolinde* et les *Deux Califes*. Ce fut à cette époque que Meyerbeer alla en Italie. Lorsqu'il arriva à Venise, Rossini y faisait représenter avec éclat son premier opéra, *Tancrède*.

Stimulé par les succès d'autrui, Meyerbeer, comme toutes les grandes natures, se mit à l'œuvre avec ardeur. Il transforma son style sévère et monotone, et le 19 juillet 1818, il fit jouer à Padoue son premier opéra italien, *Romilda e Costanza*. Cette pièce obtint un grand succès. L'année suivante, à Venise, nouvel ouvrage, *Emma di Resburgo*, nouveau succès, Cet opéra fut joué de suite dans les principales villes de l'Allemagne.

Cinq ans plus tard, le 26 décembre 1824, on représentait au théâtre de la Fénice à Venise, le *Croisé en Egypte* dont le succès fut immense. Tous les théâtres de la Péninsule jouèrent cet opéra qui fut représenté à Paris, au Théâtre-Italien, le 22 septembre 1825.

Malgré un réel succès, Meyerbeer s'éloigna

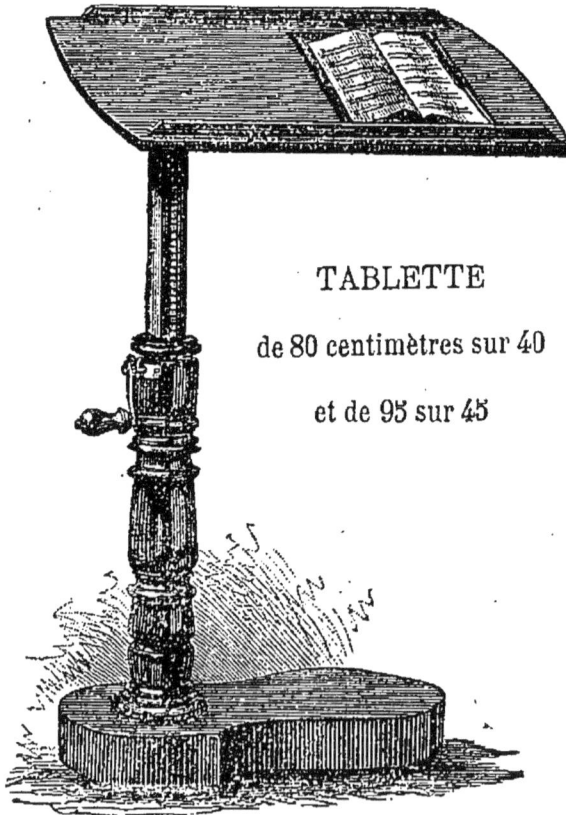

du théâtre, et il ne reprit ses travaux qu'en 1829.

Enfin, le 22 novembre 1831, il donna à l'Opéra son premier ouvrage, *Robert-le-Diable*, qui provoqua un enthousiasme indescriptible.

Le 21 février 1836, il fit représenter les *Huguenots*, son chef-d'œuvre, après lequel il resta 10 ans sans produire.

C'est de 1846 que date sa célèbre *Marche aux flambeaux*. Plus tard, le 16 avril 1849, il donna le *Prophete*.

Vers ce moment, il retourna à Berlin pour répondre à une assertion absurde d'après laquelle on lui reprochait de ne pas savoir faire de mélodies. Pour toute réponse, Meyerbeer composa 40 superbes mélodies pour piano seul.

Le 16 février 1854, il donna à l'Opéra-Comique, l'*Etoile du Nord* qui obtint un très-grand succès, ainsi que le *Pardon de Ploërmel* qu'il fit jouer au même théâtre, le 4 avril 1859.

Meyerbeer mourut à Paris, dans un modeste appartement de la rue Montaigne, le 2 mai 1864.

L'année suivante, le 28 avril 1865, l'Académie nationale donna la première représentation de l'*Africaine*, œuvre posthume. Personne n'ignore quel fut le succès de cette dernière et admirable partition de l'immortel auteur des *Huguenots*.

LÉON BLARINGHEM.

HORLOGERIE DE PRÉCISION

ÉTABLISSEMENT FONDÉ EN 1830 PAR **Winnerl O.** ✳

E.-J. GONDOLO, successeur

Boulevard du Palais, n° 5, en face le Palais de Justice, à Paris

CERTIFICAT DE MARCHE

Valable pour   années

	Température ambiante	15°
	CHAUDE	30°
	FROIDE	0°

Pour

N°

Spécimen du **Certificat de marche** délivré à tout acheteur d'un chronomètre ou d'une montre de précision.

BIOGRAPHIE

GABRIELLE KRAUSS

Au moment où Mlle Krauss vint faire ses débuts à Paris, les Parisiens étaient encore éblouis par l'éclat extraordinaire projeté depuis plusieurs années déjà par Adelina Patti. Aussi toute la valeur de la Krauss ne fut-elle pas comprise immédiatement. Ce fut seulement pendant la saison 1868-69 que la réputation de cette grande cantatrice atteignit la hauteur qui lui était due et cela à côté de l'Alboni, de la Patti, de Tamberlick, Nicolini, Delle-Sedie, etc.

Mlle Krauss joua d'abord *Il Trovatore* et *Lucrezia Borgia*, et le jour de l'enterrement de Rossini elle chanta le *Stabat Mater* de l'illustre compositeur et s'éleva dans l'*Inflamatus* au sublime atteint par la Patti dans le même morceau, à l'Eglise de la Trinité, pendant la cérémonie religieuse.

Dans *Sémiramide*, qu'elle chanta quelques jours plus tard, Mlle Krauss fut acclamée et principalement dans le duo : *Ebben a te ferisci*. Puis vint son triomphe dans le quatuor de *Rigoletto* où elle lançait un *ré* suraigu et excita un enthousiasme indescriptible.

Elle parut ensuite dans *Otello*, dans la *Serva Padrona* de Pergolèse et créa bientôt après *Piccolino*, opéra de Madame de Grandval.

Vint alors la reprise de *Poliuto*, celles de *Uno ballo in Maschera* et de *Don Giovanni*. Enfin à son bénéfice, elle parut dans le 4e acte de la *Favorite*, et atteignit au sublime.

M. Perrin, alors directeur de l'Opéra, venait de l'engager pour cinq années lorque la guerre éclata et fit rompre son engagement. Elle partit pour l'Italie et pour l'Autriche où elle marcha de triomphe en triomphe.

C'est M. Strakosck qui la fit revenir à Paris alors qu'il dirigeait la scène des Italiens. Elle chanta successivement, pendant cette saison : *Il Trovatore*, *Don Giovani*, *Lucrezia* et *Norma*.

M. Halanzier s'empressa de profiter de sa présence à Paris pour lui offrir un superbe engagement et fut assez heureux pour la retenir. C'est ainsi que nous avons maintenant cette grande artiste à l'Opéra et qu'il nous est donné de pouvoir entendre dans la même soirée, deux des plus grandes cantatrices du monde : Mme Carvalho et Gabrielle Krauss.

LÉON BLARINGHEM.

BIOGRAPHIE

~~~~

MIOLAN—CARVALHO

De toutes nos grandes cantatrices, Mᵐᵉ Carvalho est sans contredit, celle qui doit être placée au premier rang. Pour elle, en effet, il n'existe pas de répertoire particulier, car elle a abordé avec un égal succès la musique de Rossini, Meyerbeer, Hérold, Gounod et Massé. Une intelligence complète des choses de l'art, une intuition surprenante de la pensée des maîtres qu'elle interprète, telles sont les qualités de cette artiste et ce qui lui constitue une immense valeur. Mᵐᵉ Carvalho possède également le don très-rare d'apporter un éclatant relief aux plus petits détails, tout en faisant sortir la note telle que la rêvait le compositeur dans son inspiration.

Mᵐᵉ Carvalho est élève du Conservatoire où elle remporta à l'unanimité le 1ᵉʳ prix de chant. Elle se fit entendre pour la première fois à l'Opéra-Comique dans les variations du *Clair de la Lune*, des *Voitures versées*. Elle chanta bientôt après *Giralda* l'*Ambassadrice*, le *Caïd*, les *Noces de Jeannette* et enfin le *Pré-aux-Clers*, où elle fut proclamée par les critiques les plus influentes, la première de nos cantatrices françaises.

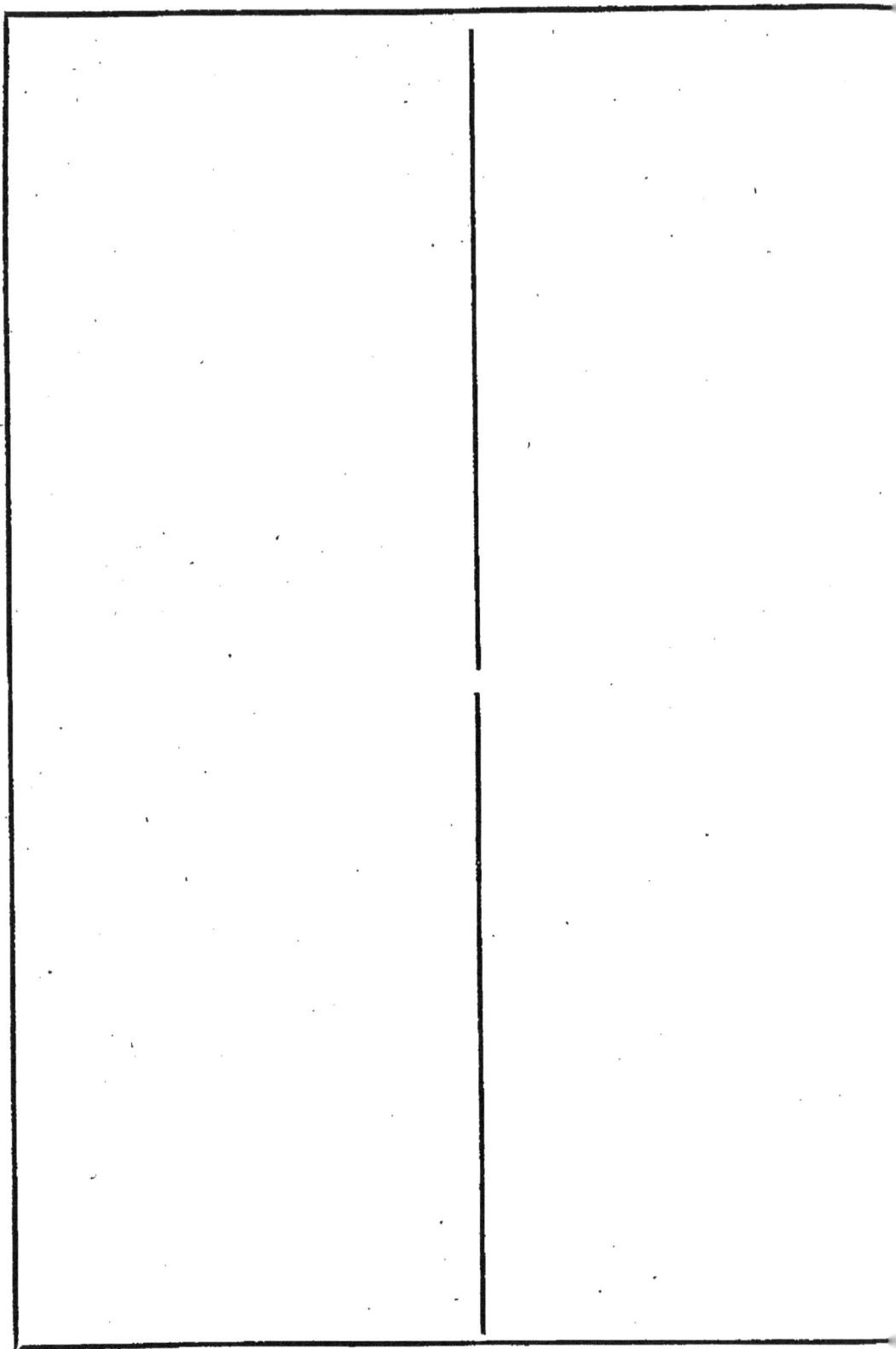

Au Théâtre Lyrique elle eut un succès sans égal avec la *Fanchonnette* qu'elle joua deux cents fois et surtout avec la *Reine Topaze* où tout Paris courut l'acclamer dans la romance de l'Abeille.

Mais la plus grande gloire de Mme Carvalho a été de deviner pour ainsi dire et de révéler le génie de Gounod. Dans son admirable création de la Marguerite de *Faust*, Mme Carvalho a été absolument incomparable, ce qui lui a valu de la part de Gounod, une admiration sans borne et qui se serait accrue, si cela eut été possible, après les créations si belles de *Mireille*, de *Philémon et Baucis*, et de *Roméo et Juliette*.

Dans *Roméo et Juliette*, Mme Carvalho ne fut pas seulement cantatrice admirable, elle apparut véritable tragédienne et remporta à la première représentasion un triomphe exceptionnel.

Mme Carvalho a chanté aussi les *Noces de Figaro*, la *Flûte enchantée*, et *Don Juan* de *Mozart*; le *Freyschütz* de Weber et la *Perle du Brésil*, de Félicien David.

La voici maintenant revenue à l'Opéra ou elle interprète la Marguerite des *Huguenots* avec son talent habituel, et en rivalisant avec la Krauss comme elle rivalisa autrefois avec l'Alboni.

LÉON BLARINGHEM.

BIOGRAPHIE

VILLARET

Depuis Duprez et Renard, en exceptant tou-tefois Gueymard, on peut dire hardiment que Villaret a été le seul ténor capable de pouvoir chanter le répertoire écrasant de l'Opéra avec un réel succès et sans trop de fatigue.

Grâce à un organe d'une grande puissance et d'une rare flexibilité, Villaret a pu, en effet, aborder avec un égal bonheur les rôles si dif-férents de Masaniello dans la *Muette de Por-tici*, de Raoul dans les *Huguenots*, d'Eléazar dans la *Juive*, de Vasco de Gama dans l'*Afri-caine*, sans compter celui d'Arnold dans *Guil-laume Tell*.

Villaret fit ses débuts à l'Opéra en 1865, et obtint de la part du public et de la presse toute entière un accueil des plus favorables.

On n'hésita pas à accorder au débutant une voix d'une fraîcheur exceptionnelle et à recon-naître en lui un véritable sentiment dramatique.

D'ailleurs, le moment était propice, car il manquait à l'Opéra un vrai ténor capable de se prêter aux difficultés de la vocalisation et doué d'un organe puissant.

Villaret possédait ces différentes qualités! Aussi fut-il accueilli chaleureusement et con-sacré du même coup premier ténor de l'Opéra.

En octobre 1866, l'Académie de musique donna la reprise d'*Alceste*. Le chef-d'œuvre de

Gluck permit à Villaret de déployer toutes les ressources de son talent et de sa voix fraîche, et ce fut pour lui un éclatant succès.

Nous le voyons, un peu plus tard, chanter le rôle d'Ottavio dans *Don Juan* et y récolter de nouveaux et nombreux applaudissements.

Au mois de novembre 1866, Villaret joua pour la première fois l'*Africaine*. C'était pour lui un terrible écueil à passer, car il s'agissait de pouvoir détailler avec l'ampleur nécessaire les grandioses récitatifs de Meyerbeer.

Villaret fut à la hauteur de cette lourde tâche et tint dignement sa place à côté de Faure et de Marie Sass.

Au mois de septembre 1866, Villaret parut dans *Robert-le-Diable* et remporta un véritable triomphe. La *Sicilienne* surtout fut chantée par lui avec une puissance et un éclat peu ordinaire.

Il faut mentionner également son succès dans la reprise du *Freyschütz*, en juin 1870, et sans oublier les *Huguenots* et la *Juive*.

La plus récente incarnation de Villaret a été celle de Gérard dans la *Reine de Chypre*, et là comme ailleurs on peut dire qu'il interpréta dignement son rôle.

En résumé, on voit que Villaret a toujours rempli à l'Opéra l'emploi de premier rôle, et il est même juste d'ajouter qu'il a joué tous les grands rôles du répertoire avec un succès et une notoriété incontestables.

LÉON BLARINGHEM.

M^{ON} DIEULAFAIT

CONNUE UNIVERSELLEMENT

~~~~~~~~~~~~~

FOURRURES, CONFECTIONS & ROBES

1, BOULEVARD DE LA MADELEINE, 1

AU COIN DE LA RUE DU LUXEMBOURG

PARIS

~~~~~~~~~~~~~

 # DIEULAFAIT

FIRM UNIVERSALLY KNOWN

~~~~~~~~~~~~~

FURS, MANTLES AND DRESSES

1, BOULEVARD DE LA MADELEINE, 1 (corner of rue du Luxembourg)

PARIS

BIOGRAPHIE

～～～

MANOURY

Adolphe Manoury est le fils d'un petit né-gociant de Suresnes. Il fut envoyé, tout jeune. dans une grande teinturerie de cette ville où il resta fort longtemps et organisa avec plu-sieurs jeunes gens de son âge une sorte de pe-tite société dramatique destinée à procurer aux habitants du pays la satisfaction de voir jouer à domicile tout l'ancien répertoire du Palais-Royal, du Gymnase et du Vaudeville.

La vaillante troupe de Suresnes donna ses représentations depuis 1866 jusqu'en 1869, et Manoury, pendant tout ce temps, remplit d'une façon remarquable les rôles de comiques, sans jamais se douter qu'il possédait un organe d'une valeur réelle.

A la fin de 1871, et sur les instances du té-nor Richard et de l'excellente basse Giraudet, Manoury qui n'avait alors que 23 ans, se présenta au concours du Conservatoire et fut reçu élève dans la classe de Grosset.

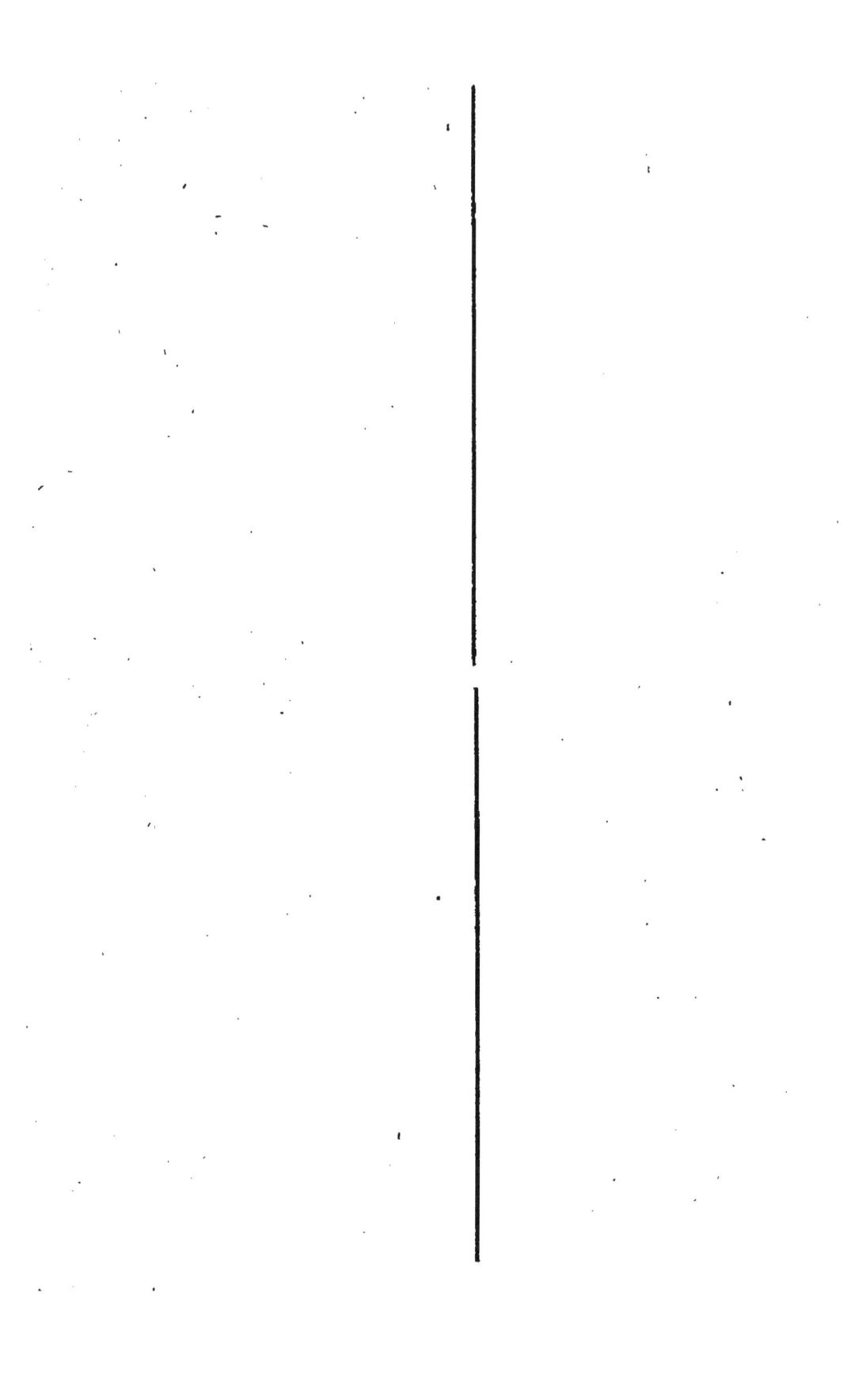

Après quelques semaines d'étude, le professeur n'hésita pas à prédire au jeune homme un brillant avenir et, chose curieuse à noter, il lui fit prendre l'emploi des basses-chantantes.

Le futur pensionnaire de l'Opéra, à qui on avait accordé quelque temps auparavant une voix de ténor, n'hésita pas un seul instant à écouter les avis de son professeur et se mit à étudier avec ardeur les rôles de basses-chantantes.

Ces efforts furent couronnés d'un plein succès, car au concours de 1873, Manoury remporta le second prix de chant avec l'air des *Brigands* de Verdi et un premier accessit d'opéra-comique avec le *Caïd*. Une vocalisation extrêmement facile et le brio qu'il déploya dans le rôle du tambour-major le firent remarquer des auditeurs du Conservatoire.

Au concours de 1874, la basse-chantante était devenue un superbe baryton ? La voix se trouvait être merveilleusement assise, et Manoury obtint un succès presque sans égal.

Il remporta, en effet, le premier prix d'opéra (classe d'Ismaël) avec la grande scène d'*Hamlet*; le premier prix de chant avec l'air de *Zaïre*, et enfin le deuxième prix d'opéra-comique avec le *Pardon de Ploërmel*. De plus, il donna la réplique à Vergnet dans le duo de la *Reine de Chypre* et partagea avec ce ténor une ovation véritable.

Engagé immédiatement à l'Opéra (salle Ventadour), Manoury débuta au mois de septembre

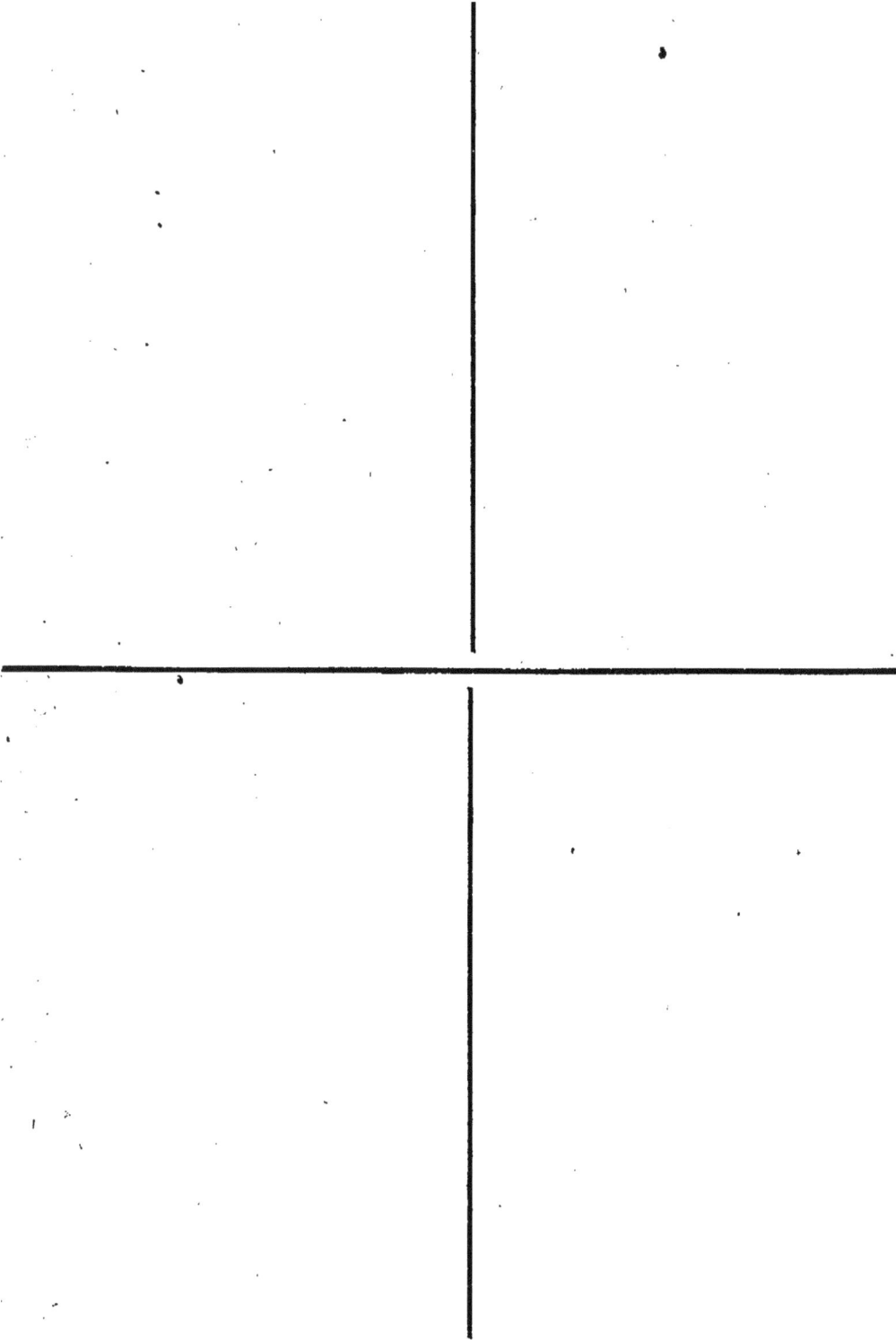

1874 dans le rôle d'Alphonse de la *Favorit*. Quoique comédien un peu inexpérimenté, Manoury réussit complétement comme chanteur.

Sa voix chaude et vibrante, sa vocalisation extraordinaire lui valurent un accueil des plus sympathiques.

Son second début eut lieu le 4 décembre 1874, dans le rôle de Valentin de *Faust*. La scène du duel fut parfaitement rendue par lui et lui procura un succès incontestable.

Nous retrouvons ensuite le jeune artiste dans le personnage de Nevers des *Huguenots* qu'il joua pour la première fois, au nouvel Opéra, à la fin de février 1875.

Dans les différents rôles que nous venons de citer, Manoury a réellement fait preuve d'une grande intelligence. Il a montré qu'il deviendra certainement un véritable artiste et un grand chanteur le jour où il lui sera donné de chanter les premiers emplois.

Léon Blaringhem.

BIOGRAPHIE

~~~~~~

GAILHARD

Gailhard est élève de Revial et sort du Conservatoire de Musique. Au concours de 1867 il obtint : 1° le premier prix de chant; 2° le premier prix d'opéra-comique à l'unanimité; 3° le premier prix d'opéra. Il appartenait à la classe de Couderc pour l'opéra-comique et à celle de Duvernoy pour l'opéra.

Quoiqu'il n'eut que vingt ans, Gailhard fut engagé immédiatement à l'Opéra-Comique et y débuta par le rôle de Falstaff dans le *Songe d'une nuit d'été*, d'Ambroise Thomas. Malgré la difficulté du rôle pour un débutant, le jeune artiste y déploya un tel entrain et une telle audace qu'il fut accueilli avec un grand succès. Trois mois après, il fit son second début dans *la Part du Diable*, puis enfin il joua avec une verve étonnante le rôle de *Max* dans le *Chalet*, et le chanta avec une voix mâle pleine d'ampleur et d'une justesse irréprochable. Vint ensuite le rôle de *Malipieri* de *Haydée*, dans lequel il fut très-applaudi.

La première création de Gailhard fut le conte d'Arlange dans *Vert-Vert*, d'Offenbach. Il y eut beaucoup de succès principalement avec la romance du 1er acte qu'il chantait d'une

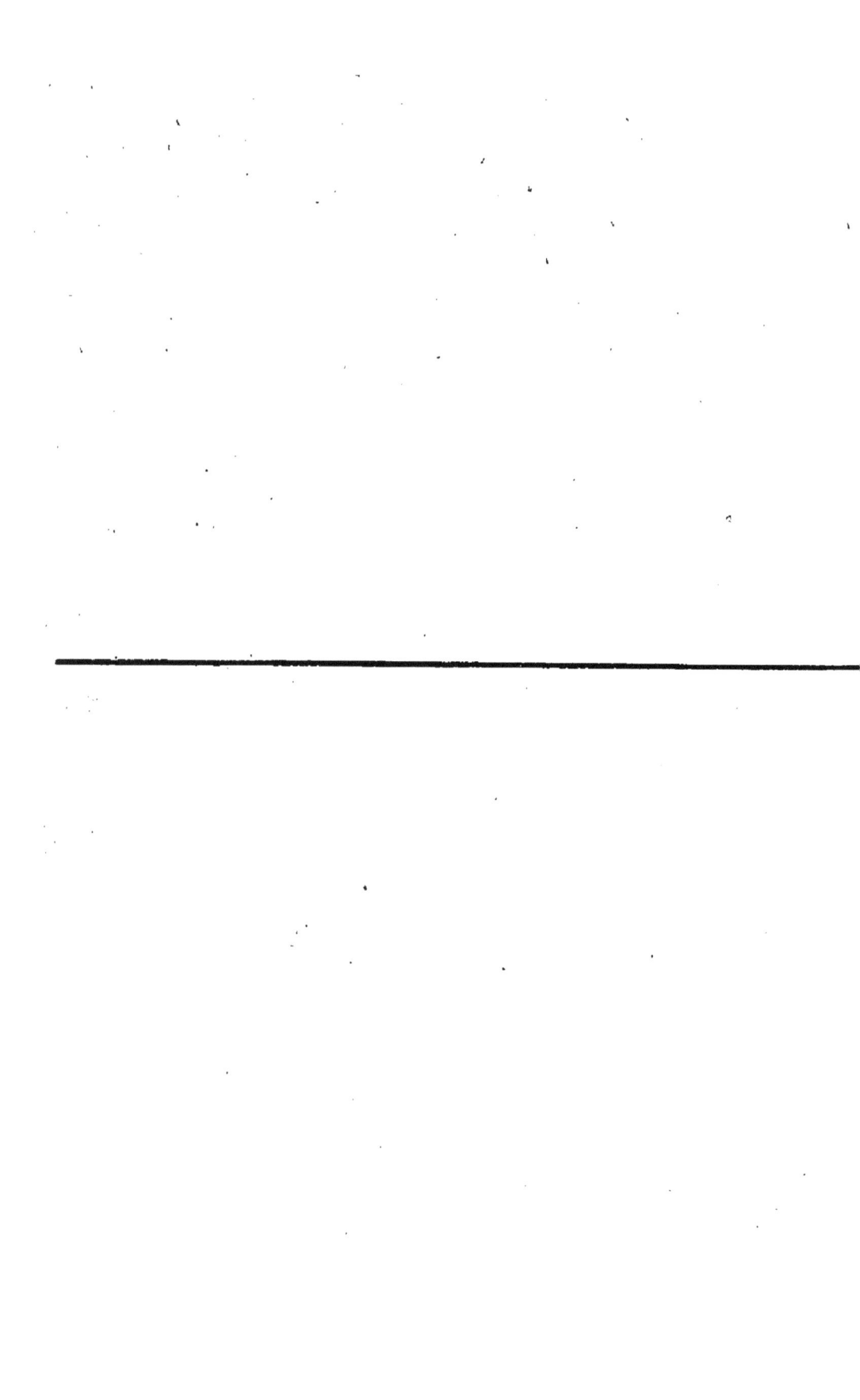

manière parfaite. Quelques mois plus tard, il aborda le rôle de Lothario dans *Mignon*, et c'est là où véritablement il fut consacré bon comédien et grand chanteur.

Sa seconde création eut lieu dans la *Petita Fadette* de Théophile Semet. Il y partagea les bravos avec Galli-Marié et le baryton Barré. Puis il fit sa troisième et dernière création à l'Opéra-Comique dans les *Reves d'Amour* d'Auber. Le succès qu'il y obtint, semblait devoir le fixer définitivement à la scène de la rue Favart, mais Gailhard était doué d'un organe d'une grande puissance et en même temps d'une ambition bien légitime : il voulait entrer à l'Opéra.

M. Halanzier ne tarda pas à lui offrir un engagement et Gailhard débuta sur notre première scène en 1872 par le rôle de Méphistophélès dans *Faust*. Son succès fut complet et s'accentua depuis dans le rôle de Leporello de *Don Jnan*; dans celui de Gaspard du *Freyschütz* et enfin dans St-Bris des *Huguenots*.

Nul mieux que Gailhard n'a rempli la grande scène de la Bénédiction des Poignards des *Huguenots*. Sa voix supérieurement chaude et vibrante se prête admirablement aux passages de force et fait pressentir pour l'avenir, un véritable artiste dont l'autorité deviendra de plus en plus grande avec le temps, l'âge et l'expérience.

LÉON BLARINGHEM.

POUR LA PARTIE LITTÉRAIRE

aris-Imp. Typ. TURFIN & JUVET, 9, Cour des Miracles
près la place du Caire

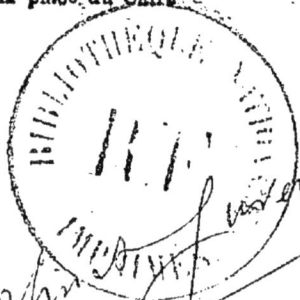

www.ingramcontent.com/pod-product-compliance
Lightning Source LLC
LaVergne TN
LVHW022023080426
835513LV00009B/845